Gertrud Paschen / Gerda Reimer

Kai geht zur Schule

9783551060808
D1984073

CARLSEN VERLAG

Gestern hatte Kai schulfrei,
weil Sonntag war.
Er konnte den ganzen Tag
mit seiner kleinen Schwester spielen,
und mit der weißen Katze.

Heute ist Montag,
Kai muß zur Schule.
Die Mutter sagt:
„Du mußt los, Kai,
sonst kommst du zu spät."
Kai holt seine rote Mütze
und seinen braunen Ranzen.
Dann winkt er der Mutter
und der kleinen Schwester
und der weißen Katze
zum Abschied zu.

12

Kai weiß, daß er nicht bummeln
und keine Umwege machen darf.
Aber dann sieht er den Laden,
in dem es Süßigkeiten gibt.
Er will nur schnell
von seinem Taschengeld
etwas kaufen.
Er wühlt in seinen Taschen.
Er findet einen Schlüssel
und eine lange Schnur,
ein blaues Auto und ein Pixibuch
und ein frisches Taschentuch.
Schließlich findet er auch das Geld.
Die Groschen fallen auf die Straße,
Kai hebt sie schnell auf.

Johannson
6

Im Laden sieht Kai sich um.
Was soll er sich kaufen?
Er kauft eine kleine Tüte Bonbons,
eine Tafel Schokolade
und einen gelben Luftballon.
Jetzt hat er kein Geld mehr
und bekommt auch keins mehr
bis zum nächsten Sonntag.
Aber daran denkt Kai nicht.

de Luxe
-25
Mocco
Schokolade
Milch
Schokolade

Kai spaziert fröhlich weiter,
über ihm schwebt der Luftballon.
Im Park setzt er sich auf eine Bank
und nascht von seinen Süßigkeiten.
Er hat ganz vergessen,
daß er schnell zur Schule wollte.
Ein kleiner Vogel sucht nach Krümeln,
aber Kai hat keine Kekse gekauft.
Dann kommt ein Eichhörnchen,
es ist ganz zahm.
Zuletzt kommt ein Hund.
Der setzt sich vor Kai auf den Weg
und starrt mit großen Augen
auf seine Schokolade.
Kai gibt ihm etwas ab
und spielt dann mit ihm.

Plötzlich fällt Kai ein,
daß er ja zur Schule wollte.
Er weiß nicht, wie spät es ist,
aber er läuft, so schnell er kann.
Und der gelbe Luftballon
tanzt hinter ihm her.

Aber Kai vergißt schon wieder,
daß er zur Schule muß.
Er steht vor einem Baum;
der Baum ist hoch, und seine Äste
laden zum Klettern ein.
,,Klettern macht viel mehr Spaß
als zur Schule gehen", denkt Kai,
,,aber ich muß doch hin!"
Und er winkt dem Eichhörnchen zu
und läuft weiter.

So ein schickes Auto!
Das muß Kai sich ansehen.
„So eins will ich auch mal haben",
denkt er, „ich bin ja bald groß!"
Und er reckt sich.
Dabei fällt ihm wieder die Schule ein,
und er läuft schnell weiter.

An der U-Bahn
bleibt er wieder stehen.
Er sieht sich die Leute an,
die aus dem Zug aussteigen
und in den Zug einsteigen.
Kai würde gern mitfahren.
Aber erst muß er zur Schule.

U

Jetzt kommt Kai an die Straße,
wo die vielen Autos fahren.
An der Kreuzung muß er warten.
Kai weiß: wenn die Ampel
für die Fußgänger ROT zeigt,
haben die Autofahrer GRÜN
und dürfen fahren.
Deshalb muß man warten,
bis die Fußgängerampel GRÜN zeigt,
dann haben die Autofahrer ROT
und müssen vor dem Zebrastreifen halten.
Endlich kann Kai weitergehen.
Das letzte Ende zur Schule rennt er.
Der Schulhof ist leer!

In der Klasse sitzen Kais Mitschüler
schon auf den Plätzen.
Kai ist zu spät gekommen!
„Warum kommst du denn jetzt erst?"
fragt ihn der Lehrer,
„es gab wohl wieder viel zu sehen unterwegs?"
Kai nickt. Er ist so traurig,
daß er zwei Tränen weint.
„Sei nicht traurig", sagt der Lehrer,
„komm lieber morgen pünktlich."
Das verspricht Kai
und trocknet sich die Tränen
mit seinem frischen Taschentuch ab.